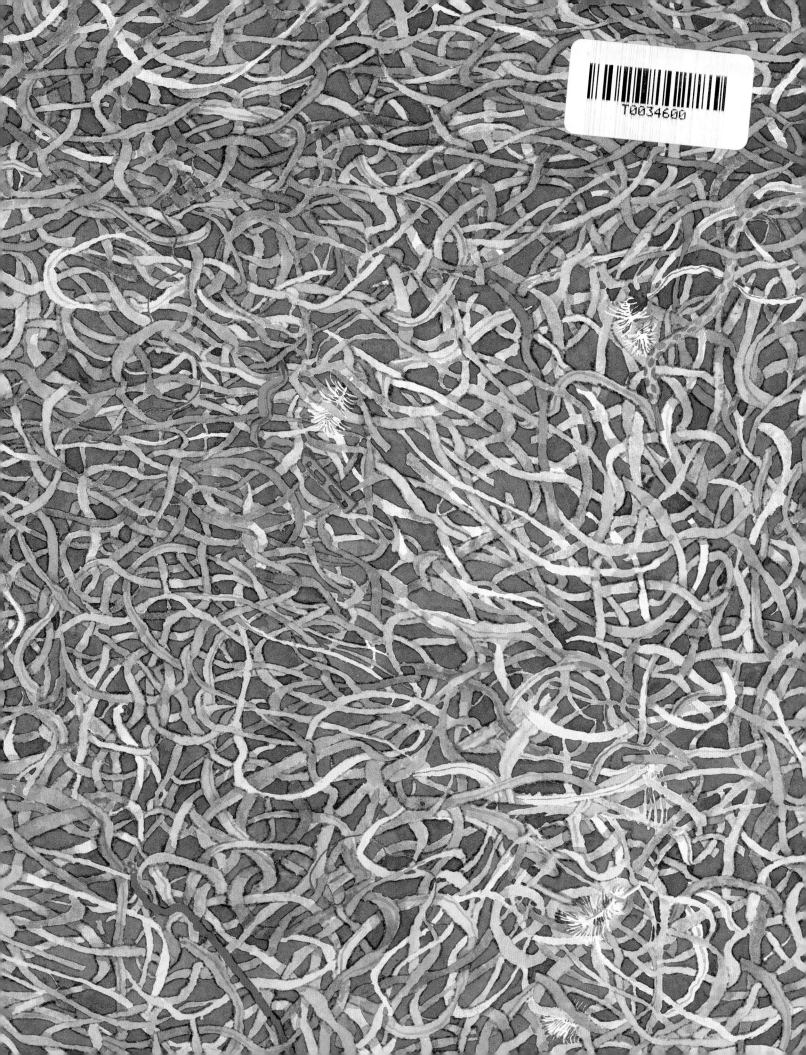

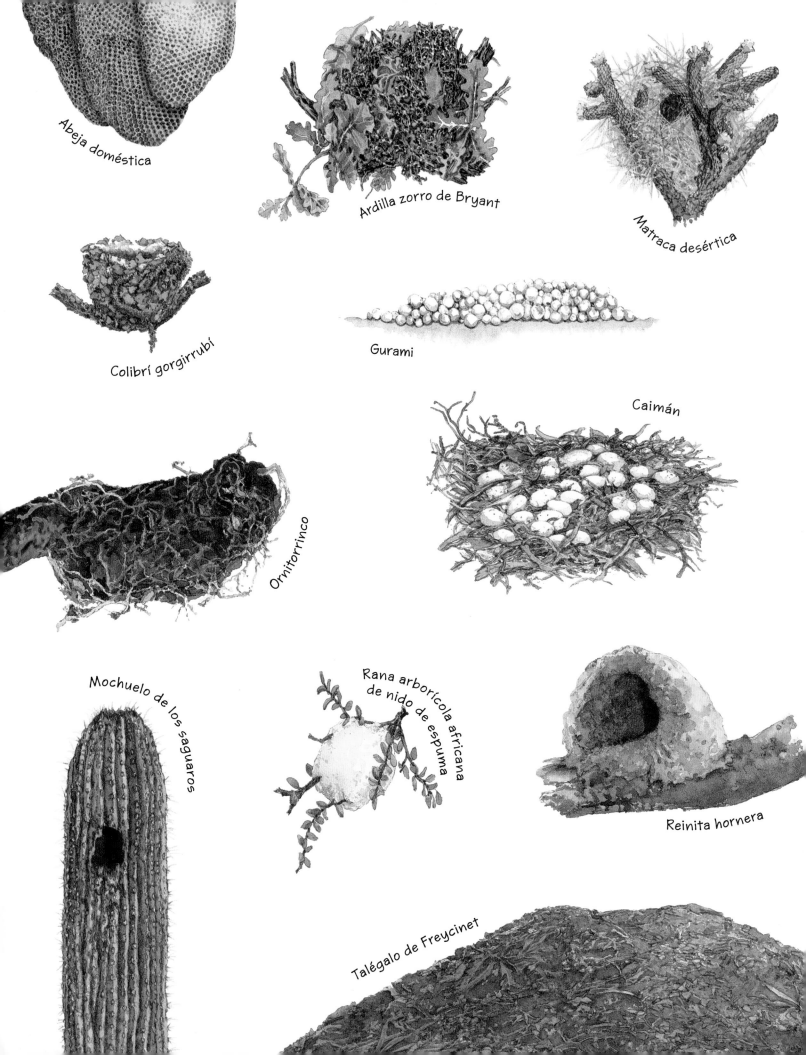

Abeja doméstica

Ardilla zorro de Bryant

Matraca desértica

Colibrí gorgirrubí

Gurami

Caimán

Ornitorrinco

Mochuelo de los saguaros

Rana arborícola africana de nido de espuma

Reinita hornera

Talégalo de Freycinet

Tejedor baya

Tortuga bastarda

Colibrí zunzuncito

Perrito de las praderas de cola negra

Avispa alfarera

Flamenco rojo

Lamprea de río

Avispón cariblanco

Arrendajo azul

Orangután

Salangana linchi

Hormiga guerrera

Alción colilargo silvia

A Danny y Melissa, y también a Samantha,
Madison y Jackson. —D. A.

A mis padres, Frank y Marion Carlisle, que criaron muy bien en su nido
a cinco ruidosos polluelos. —S. L.

Con el soporte de:

 Generalitat de Catalunya    ic 3C Institut Català de les Empreses Culturals

Título original: *A Nest is Noisy*
© Del texto: Dianna Hutts Aston, 2015
© De las ilustraciones: Sylvia Long, 2015
Edición original publicada por Chronicle Books LLC, San Francisco, California.
Diseño de Sara Gillingham Studio.
Las ilustraciones de este libro se han realizado en tinta y acuarela.
© De esta traducción: Susana Tornero Brugués, 2022
© De esta edición: Editorial entreDos S.L., 2022
www@editorialentredos.com

Maquetación: Grafime Serveis Editorials
Corrección: Laura Vaqué Sugrañes
Primera edición: octubre 2022
ISBN: 978-84-18900-31-0
Depósito legal: GI 834-2022

Impreso por Macrolibros

Impreso en España

Orangután

Un nido es ruidoso

Dianna Hutts Aston + Sylvia Long

entreDos

Un nido es ruidoso.

Es un vivero

de pequeños que gorjean...

Colibrí gorgirrubí

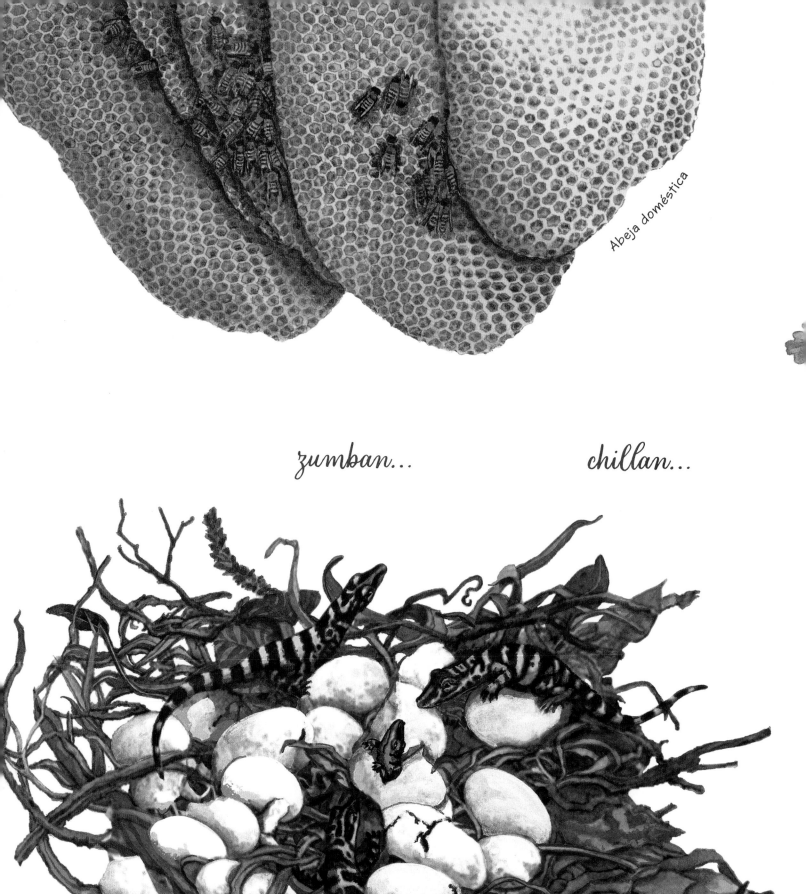

Abeja doméstica

zumban...   chillan...

Caimán

Ardilla zorro de Bryant

pían...

Gurami

y burbujean.

Un nido es acogedor.

Muchos pájaros tejen hojas y pequeñas
ramas para construir un nido
para sus huevos, y luego lo ablandan
con hierba, pelo, musgo, semillas sedosas,
esqueletos de hojas o incluso pieles viejas
de serpiente. A veces también añaden
envoltorios de caramelo, bolsas de plástico
y trocitos de tela o papel.

Arrendajo azul

Los pájaros no son los únicos animales
que hacen nidos. Los orangutanes suben
a lo alto del follaje de la selva tropical
y allí trenzan cada día una nueva cama
con ramas fuertes y la revisten
con un colchón de hojas y ramitas.
Y las noches de lluvia, se mantienen secos
bajo un paraguas tejido con hojas.

Un nido es enorme...

Uno de los nidos de pájaro
más grandes es el del talégalo de Freycinet.
Sus nidos en forma de montículo confeccionados
con hojas y ramas en descomposición
pueden medir más de 11 metros de diámetro
y hasta casi 5 metros de altura.

Talégalo de Freycinet

30,5 cm   152,5   305   457,5 cm

...o diminuto.

Colibrí zunzuncito

El nido del pájaro más pequeño,
el colibrí, es un receptáculo del tamaño
de una pelota de golf hecho de musgo,
liquen, corteza y hojas, normalmente
envuelto en seda de araña. La elasticidad
de la seda permite que el nido se ensanche
a medida que las crías crecen.

1,25 cm   2,50   3,75   5 cm

Un nido es espinoso...

El mochuelo de los saguaros
y la matraca desértica eligen
un lugar de anidamiento espinoso
como defensa de las serpientes
que se acercan reptando
y de otros cazadores hambrientos.

Mochuelo de los saguaros

Matraca desértica

Avispón cariblanco

de papel...

Los avispones, las avispas y las avispas papeleras raspan fibras de la madera erosionada y las mastican hasta convertirlas en una pasta húmeda que al secarse se convierte en un material duro similar al papel. El avispón cariblanco reina confecciona una celda para cada huevo con este material.

pedregoso...

Las lampreas, similares a las anguilas, utilizan sus bocas de succión para mover piedras del tamaño de un guisante, una nuez, e incluso una pelota de béisbol, para crear depresiones en zonas poco profundas del lecho del río. Ponen sus huevos en estas depresiones y los cubren con más guijarros para esconderlos.

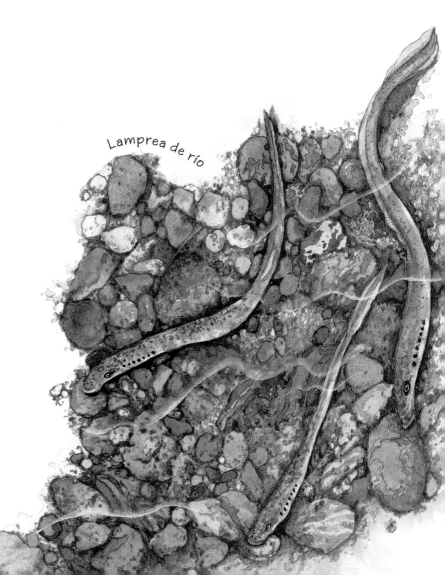

Lamprea de río

Rana arborícola africana
de nido de espuma

Las ranas arborícolas africanas de nido de espuma
elaboran un nido espumoso para sus huevos sobre ramas
que cuelgan encima del agua. La hembra bate
con sus patas traseras una sustancia secretada
por su cuerpo y la convierte en una masa espumosa
que con la luz del sol se endurece formando una corteza
similar al merengue. Pocos días después de que nazcan
los renacuajos, el nido se desintegra y los renacuajos
caen en el agua, donde pueden ser alimentados
y desarrollarse como ranas.

burbujeante!

Gurami

El gurami forma burbujas y las va uniendo
para crear un nido que flota como una balsa
sobre el agua estancada. Bajo el nido de burbujas,
el macho y la hembra engendran a sus crías.
Una vez la hembra ha soltado los huevos, se va
nadando, mientras que el macho transporta
los huevos en la boca y los coloca en el nido.
Cuando los huevos eclosionan, los bebés pez,
llamados alevines, nadan por debajo de esos nidos
pegajosos, vigilados por el macho hasta que están
preparados para vivir por su cuenta.

Reinita hornera

Un nido

Algunas reinitas horneras de América del Sur
confeccionan un «horno» de adobe con miles
de bolitas de barro y arcilla. El nido se cuece bajo
el sol y es un lugar muy confortable
para los huevos.

El caimán amontona plantas en descomposición
y barro para formar un colchón y en el centro cava
un agujero donde pone sus huevos. Luego, con la ayuda
de las extremidades anteriores y la mandíbula, cubre el nido
con más vegetación para mantenerlo caliente
hasta que los huevos eclosionan en forma de pequeños
chillones. La temperatura del nido determina el sexo
de los caimanes.

es calentito.

Caimán

Tortuga bastarda

Un nido se esconde.

En primavera y verano, decenas de miles de tortugas
bastardas surcan las olas en grupo hasta las playas
de la costa del Golfo de los Estados Unidos y se
arrastran hasta las dunas. Utilizan sus aletas posteriores
como palas para cavar un hoyo en la arena. Después
de depositar los huevos, redondos y coriáceos, la tortuga
pisotea la arena con la parte inferior de su caparazón
y arroja más arena encima del nido para borrar
cualquier indicio de su existencia.

El ornitorrinco, uno de los dos únicos mamíferos
que pone huevos, excava túneles madriguera junto a
los lechos de los ríos. La hembra transporta
con su cola materia vegetal húmeda por los túneles
para formar un nido donde depositar sus huevos,
que tienen la cáscara blanda y son del tamaño
de una canica. También agrega tierra en el túnel
para proteger los huevos de las crecidas del río,
los depredadores y los cambios de temperatura.

Ornitorrinco

Un nido es vecinal.

Los grupos aportan seguridad. Algunos constructores
de nidos viven en colonias, donde hay más orejas y ojos
para dar la voz de alarma cuando los depredadores
(los animales que se comen a otros animales) andan cerca.

Tejedor baya

Los tejedores baya confeccionan nidos que cuelgan
de árboles espinosos o de hojas de palma como si fueran
botellas boca abajo. Sus nidos se balancean en el aire
pendientes de un tubo tejido, y eso los protege de lagartos,
serpientes y pájaros más grandes.

En sus «ciudades» de centenares de habitantes,
los perritos de las praderas de cola negra construyen salas
de anidamiento forradas de hierba dentro de sus laberínticas
madrigueras. Cuando avistan a un depredador,
los perritos de las praderas ladran para advertir a sus
vecinos de que se aproxima un peligro.

Perrito de las praderas de cola negra

Las hormigas guerreras hacen «nidos vivientes»
llamados vivacs: se aferran a las patas
y las mandíbulas de sus compañeras hasta
formar una bola de millones de hormigas
contorsionándose, suspendidas de una rama
por una cadena formada por más hormigas.
Dentro hay cámaras para albergar a la reina,
una nidada de huevos, larvas recién nacidas,
y también comida.

Un nido

Hormiga guerrera

Salangana linchi

es peculiar.

Las salanganas linchi elaboran un nido confeccionado
por entero con saliva. El macho balancea su cabeza de un lado
a otro y escupe unas hebras largas y nacaradas sobre la pared
de la cueva que se endurecen al quedar expuestas al aire
y forman un bol de encaje. La sopa de nido de pájaro, elaborada
con nidos de salangana linchi, se encuentra entre los platos más caros
consumidos por los humanos.

Un nido

es fangoso.

Los flamencos construyen un montículo de barro,
hierba y piedras de unos 30 centímetros de longitud
y luego ponen un solo huevo en la hondonada superior.
La altura protege el huevo de las crecidas y del exceso de calor
del suelo. Los padres alimentan a sus polluelos
con «leche de buche» de sus tractos digestivos
hasta que abandonan el nido.

Flamenco rojo

Un nido es adoptado.

Algunas criaturas eligen nidos hechos
por otros para criar a su descendencia.
Los tordos músicos y los cucos comunes
ponen sus huevos en los nidos de otros
pájaros para que los incube y los críe la madre
de otra especie.

El alción coligargo silvia vuela como un torpedo
hacia un nido de termitas y choca con el pico
contra el duro montículo (¡e incluso muere
a veces por el impacto!) para hacer un agujero
en un lado. Dentro del montículo perfora
con el pico un túnel que lleva hasta
una cámara donde pone sus huevos.
Las termitas sellan el túnel desde el interior,
de modo que ambos nidos quedan separados.

Alción colilargo silvia

Avispa alfarera

Un nido es ruidoso...

Zumba,
silba,
susurra,
aletea y
pía con
sus crías...

Flamenco rojo

Tortuga bastarda

Perrito de las praderas de cola negra

*pero solo hasta que estén listas
para volar, nadar o reptar.*

Después, un nido es ...

silencioso.

Colibrí gorgirrubí

Ornitorrinco

Arrendajo azul

Tejedor baya

Talégalo de Freycinet

Hormiga guerrera

Alción colilargo silvia

Gurami

Ardilla zorro de Bryant

Tortuga bastarda

Avispón cariblanco

Caimán

Mochuelo de los saguaros

Rana arborícola africana de nido de espuma

Reinita hornera

Salangana linchi

Perrito de las praderas de cola negra

Abeja doméstica

Colibrí zunzuncito

Matraca desértica

Orangután

Avispa alfarera

Flamenco rojo

Lamprea de río

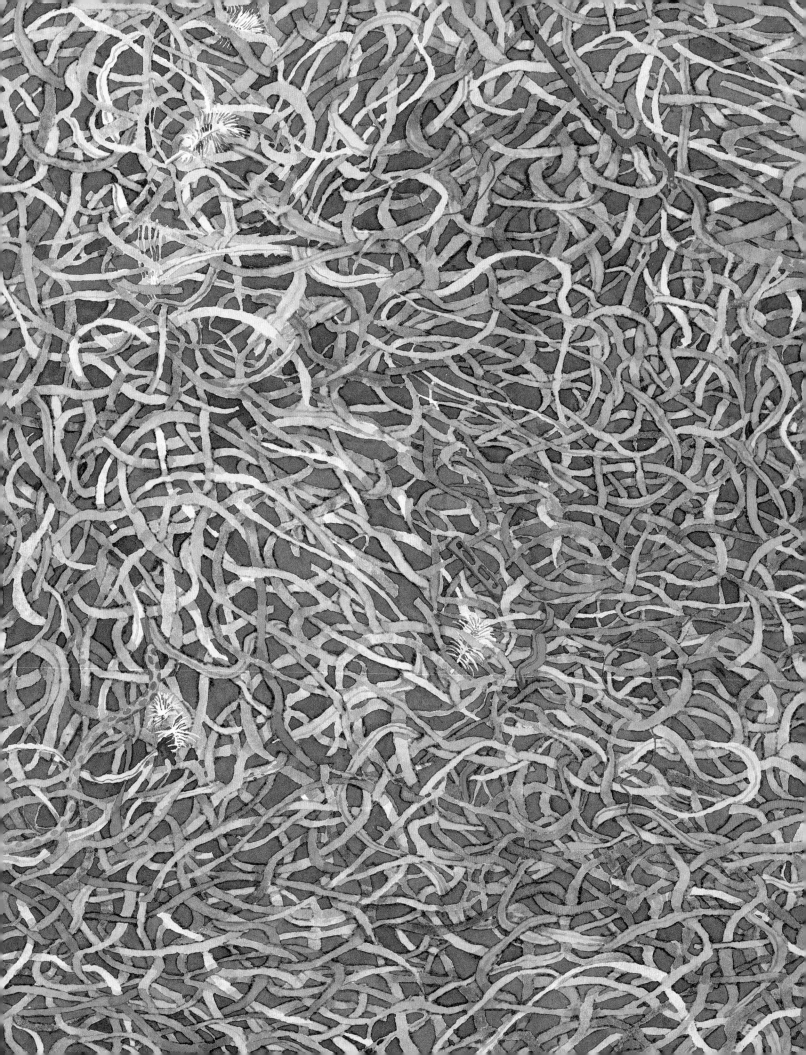